AF236805

Löwenherz Poesie
von
Marcus Weber

VORWORT

Wenn man Poesie zu Papier bringt, ist es häufig
eine Ansammlung von korrigierten,
durchgestrichenen oder kommentierten Zeilen.
Ein ziemliches Chaos könnte man sagen. Und doch
findet sich in jedem Chaos ein Hauch von Kunst.
In diesem Buch finden sich, neben der Sammlung
einiger meiner Texte, eben auch Auszüge aus dem
chaotischen „Notizbuch" wieder.
Viel Spaß beim Lesen und sich wiederfinden.

Bibliografische Information der Deutschen
Nationalbibliothek: Die Deutsche Nationalbibliothek
verzeichnet diese Publikation in der Deutschen
Nationalbibliografie; detaillierte bibliografische
Daten sind im Internet
über http://dnb.dnb.de abrufbar.

© 2018 Marcus Weber
Herstellung und Verlag: BoD – Books on Demand,
Norderstedt

ISBN: 978-3-7528-1435-4

Wegweiser  :)

ICH WILL

Warum wird die Ehe eigentlich mit einem Willen
begründet,
ist es nicht eigentlich eher die Liebe, die uns
bedingungslos bindet?
Sicher, das Gefühl ist der Beginn und die Liebe der
Gewinn,
doch braucht es auch den Kopf um sich auf die
Liebe zu besinnen.
So viele Barrieren und so viele Differenzen,
bringen die Liebe im Alltag so oft an ihre Grenzen.
Und genau da braucht es den Willen, denn er lässt
uns kämpfen,
er bringt uns da noch viel weiter, wo wir anderes
beenden,

der Wille ist das Letzte, was wir vor dem Tode

notieren,

auch wenn wir Sekunden später unseren

Herzschlag verlieren.

Er bleibt als Erinnerung und als Wunsch an die, die

leben,

es ist, als würde es in diesem Moment nichts

Wichtigeres geben.

Der Wille übertritt Grenzen und übersteht alle Zeit,

er gibt allen Kraft, die in sich sind bereit,

sich leiten zu lassen und anstrengende Wege zu

gehen,

und am Ende am Gipfel des Unmöglichen stehen.

Am Gipfel der Berge, die der Wille versetzt hat,

egal, was einen im Leben einmal so in sich verletzt

hat,

alles kann bleiben und gehört zum Leben

und es wird diese Dinge sicherlich nicht ganz ohne

Grund geben.

Sie stärken den Geist und bereichern das Herz,

lehren uns die Liebe und lehren uns auch den

Schmerz.

Erfolg liegt in uns und nicht im Auge des

Betrachters,

also in irgendjemandem, der glaubt, dass er es zu

etwas gebracht hat.

Der Wille ist im Wege des Menschen verankert,

der Wille ist jemand, dem noch niemand so wirklich

gedankt hat.

Hiermit danke ich meinem Willen, der mich stärkt

und tief berührt,

der mir meine Träume und Ziele immer vor die

Augen führt.

Ich erreiche alles, egal was auch passiert,

laufe ich auch einmal falsche Wege, finde ich zurück

zu mir.

manchmal ist alleine
wollen ganz schön anstrengend
willst du auch?

:-)

WIR LAUFEN

Gib mir deine Hand ich laufe mit dir

Egal wohin oder wie

Wir werden falsche Wege gehen

Wir werden uns verlaufen

Wir werden stolpern

Wir werden fallen

Wir werden aufstehen

Wir werden stark sein

Wir werden Fremde sein

Egal wo oder wie

Gib mir deine Hand und wir werden immer zu Hause

sein.

DIE WELT UND DU

Die Welt liegt vor mir und ich sehe sie nicht.

Ich hätte so viel, doch ich möchte nur dich.

EINZIGARTIGES LEBEN

Wenn ich aus Maffays Song zitier',

dann geht, wenn ich geh nur ein Teil von mir,

ein Stück meines Herzens, ein Stück meiner Seele,

denn immer wahrhaftig lieben ist das, was ich lebe,

wie eine Fußspur im Sand bevor die Welle sich

bricht,

nach der Welle zu sehen ist die Fußspur dann nicht,

doch wird sie getragen, ins Wasser hinein,

und wird dort für immer ein Teil von ihm sein,

bis sie irgendwann dann an einem anderen Strand,

angespült wird und dort dann verweilt unerkannt,

ich hinterlasse Spuren auf dieser Welt, egal ob man

sie sieht,

und irgendwer kann sie lesen, was recht selten

geschieht,

aber wer sie dann liest, der wird mich kennen so

wie ich wahrhaftig bin,

und dem wird nicht egal sein, was im Leben meine

Altlasten sind,

er wird mich kennen von Grund auf, mit allem was

ich bin,

das ist es warum ich das Leben mit anderen als so

einzigartig empfind'.

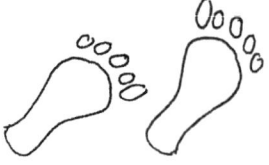

DIE STERNE

Millionen Sterne, die uns leuchtend umgeben,

wie kleine Glitzersteine, die dort am Himmel

schweben,

wenn ich mich einmal einsam fühle, schaue ich zu

ihnen hinauf,

denn in ihrem Wandern sehe ich mich, wie ich hell

leuchtend lauf,

laufend über diese Welt und laufend durch das

Leben,

jemanden der mein Leuchten sieht wird's auf der

Welt schon geben.

EINMAL WIEDER

Einmal wieder Kind sein,

einmal wie der Wind sein,

einmal durch das Leben tanzen

und dabei ein paar Bäume pflanzen,

einmal wieder frei sein,

einmal noch dabei sein,

einmal ganz das Leben spüren,

und es in vollem Glücke führen.

am schönsten wäre wenn
ich es nicht verloren hätte
★

WENN-DANN

Wenn ich deine Augen sehe,

versinke ich in ihnen,

wenn ich dir gegenüberstehe,

beginne ich von selbst zu fliegen,

wenn du mir sagst, dass du mich liebst,

dann fängt mein Herz an zu beben,

wenn du mir einen Kuss dann gibst,

dann liebe ich das Leben.

LIEBER REGEN

Lieber Regen,
ich schreibe dir, in vollstem Vertrauen auf dein
Verständnis, diese bittenden Zeilen,
denn du hast dich dieses Jahr dazu entschieden
einfach ganzjährig zu verweilen,
im Sommer keine Sonne, sondern Tropfen, die mich
trafen,
im Winter keinen Schnee, sondern Wasserlachen,
also was kann ich dir bieten, damit du
verschwindest,
dich von deiner Aufgabe, mir das Jahr zu
vermiesen, ganz schnell entbindest,
ich meine, du kannst ja ganz nett sein, aber nur
dann, wenn es passt,
nicht dann, wenn ich trocken sein will und trotzdem
bin ganz nass,

mein Wetterfrosch siecht vor sich hin in seiner
Depression,
sitzt nur am Boden rum aufgrund seiner
Sprungbeindegenration,
keine Überraschungen mehr, herzlichen
Glückwunsch du bist die Konstante,
die man dieses Jahr „Scheiß Wetter" nannte.

LIEBE VERGANGENHEIT

Ich rufe nach Dir, ohne dass Du es jemals hören
können wirst.
Was an Dir beschäftigt mich noch heute?
Was spüre ich erst morgen, von dem, was gestern
passiert ist?
Warum habe ich Dinge so und nicht anders
entschieden?
Und wie wäre mein Leben verlaufen, wenn ich ein
Paar Dinge anders entschieden hätte?
Liebe Vergangenheit,
ich habe hier, in der Gegenwart, scheinbar keinen
Empfang, denn ich kann dich nicht verstehen. Bitte
ruf mich doch nur ein einziges Mal zurück.

TRÄUME

Wer jede Nacht Dämonen jagt,

der wird sie irgendwann besiegen,

wer ihnen nicht den Kampf ansagt,

der wird ihnen jede Nacht erliegen.

Wer jede Nacht die Liebe sieht,

der wird sie irgendwann verstehen,

Wer ihr im Traume dann entflieht,

um den ist es wahrhaftig geschehen.

Wer zu viel träumt und das am Tag,

kann in der Nacht nicht schlafen,

weil ihn die Realität, die er nicht mag,

jeden Tag schon wird erschlagen.

LEBEN

Im Grunde heißt reich sein erstmal fürs Leben bereit
sein,

In einer Welt voller Stress wären selbst Menschen
wie Einstein,

Überfordert und würden es vielleicht zu nichts im
Leben bringen,

Würden sich selbst zu Leistung und Ergebnissen
zwingen,

Weil sie sich nur darüber definieren, etwas zu
bedeuten im Leben,

Statt sich einen Moment Zeit und Ruhe zu geben,

Brennen sie aus und ihre Flammen,

Die der Gesellschaft selbst entstammen,

Dienen als Mahnmal für alle jenen, die denken,

Es sei vertane Zeit dem Moment Aufmerksamkeit

zu schenken.

Und dann am Ende schauen sie auf ihr Leben

zurück,

Und suchen und suchen kleine Momente voll Glück,

Bereuen jeden Tag für andere gelebt zu haben,

Die nur abschnittsweise auf dem eigenen

Lebensweg waren,

Sich für Geld und ansehen verändert zu haben,

Und voll zu sein übersäht mit psychischen Narben,

Am Ende ist Ruhe und die Sehnsucht nach Zeit,

Also Mensch leb' dein Leben mit weniger

Geschwindigkeit.

REISEN

Bring mich fort von hier,

ich will die Welt gern sehen,

dann danke ich von Herzen dir,

und kann den Globus drehen.

Egal wohin es dann auch geht,

ich freue mich auf diese Zeit,

fürs Reisen ist es nie zu spät,

ich wäre dann soweit.

STILLSTAND

Du hast mich bewegt,

wieder und wieder warst du in meinen Träumen,

nicht ein einziges Lachen von dir wollte ich je

versäumen,

du hast mich bewegt,

nahmst mich täglich mit auf eine deiner vielen

Reisen,

zeigtest mir die Musik, die lauten Töne genauso wie

die ganz leisen,

du hast mich bewegt

hast mich vor Angst und Stillstand bewahrt,

unsere Nächte waren aufregend wie eine

Achterbahnfahrt,

du hast mich bewegt,

mir gezeigt, wie schön die Sterne aussehen,

und mir bewiesen man kann an Uhren die Zeit

zurückdrehen,

du hast mich bewegt,

mich geliebt und gehasst, vor allem Bösem

beschützt

wenn ich laufen wollte hast du mich trotz

Verletzung gestützt,

du hast mich bewegt,

gabst mir Küsse, die mir einen Moment Ruhe

schenkten,

leuchtetest mir den Weg um mich weg vom dunklen

zu lenken,

du hast mich bewegt,

hast mir mein Leben um so vieles bereichert,

gabst mir das Gefühl jemand zu sein der alles

erreicht hat,

du hast mich bewegt,

ich war alles mit dir und für mich hat so vieles

gepasst,

jetzt steh ich still ohne dich, wo doch nur du mich

bewegt hast.

AUSMACHEN

Das, was uns ausmacht, ist das was wir leben,

Das, was uns ausmacht, kann es kein zweites Mal

geben,

Das, was uns ausmacht, ist gewachsen im Herz,

Das, was uns ausmacht, sind Freude und Schmerz.

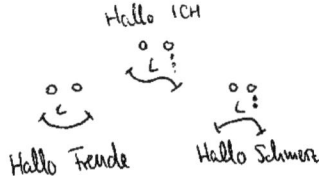

MEINE BÖSEN GEISTER

Sie stehen hinter mir, neben mir und ich lauf' ihnen
entgegen,

Am liebsten würde ich Momente ganz ohne Geister
erleben,

Ich brauche Menschen mit Körpern und
schlagenden Herzen,

Und keine Seelen die mich spiegeln mit all meinen
Schmerzen,

Geister kennen keine Zeit und kennen alle Zeiten,

Sie sind nicht dazu da nur komische Schrecken zu
verbreiten,

Sie zeigen, was du bist und deine inneren Sorgen,

Zeigen dir alles von gestern, heute und Morgen

FREUNDE

Früher kannten sich die Leute

und nannten sich Freunde,

Schaut man heute nach seinen Freunden,

sieht man vor Wald keine Bäume

*Guck mir in die
Augen statt auf
dein Smartphone*
:)

REGENBOGEN

Er erscheint am Himmel bei Sonne und Regen,

sonderbar, wie sich Farben übereinanderlegen,

mit feinen Übergängen und gleichmäßig

geschwungen,

den grauen Himmel in die Knie gezwungen,

Mythen und Legenden besagen etwas vom Ende

des Lichts,

doch ist man dort, so sieht man das Nichts,

Als hüte er sein Geheimnis um jeden Preis,

stellt sich einfach dar als farbenfroher halb

zusehender Kreis,

Es ist nur das Brechen des Lichts physikalisch

erklärt,

doch ist es romantisch, wie sich nach schlechtem

Wetter der Himmel bunt färbt,

So steh ich hier und wünschte ich könnte ihn

erwandern,

von einem Ende des Bogens bis hin zu dem andern,

In strahlenden Farben um mich herumtanzend in den

Wolken,

den dunklen Zeiten entkommend die mich bis dahin

verfolgten,

Danke für den Moment des Träumens liebes Licht,

deinen Anblick und den Moment des Staunens

vergesse ich dir nicht.

SUCHE

Sieben Milliarden und ich suche das Eine,

Suche etwas Weiches und finde nur Steine.

... wie man weich
und Steine malt weiß ich nicht

ZWEI GESICHTER

„Sie lächelte und beschrieb ihre Angst

sie durchlief das Zimmer und suchte etwas

schaltete das Licht aus und fand sich nicht mehr

zurecht

ich nahm ihre Hand und führte sie ins Licht

doch als sie das Licht sah, wurde sie geblendet.

Sie lief davon,

soweit sie ihre Füße trugen.

Sie drehte sich noch einmal um und sagte

„ich möchte nicht zurückschauen".

Sie wollte nur noch Einsamkeit,

schrieb ihre Adresse auf einen Zettel und ließ ihn

fallen."

FÜR DICH

Lebe ewig als gäbe es für dich keinen Morgen,

reise um die Welt, vergiss alle Sorgen,

damit keiner dir am letzten Tag,

völlig egal wer das auch sein mag,

am Lebensende ins Gesicht sagen kann,

du wärst blind gewesen und hättest mehr Glück als

Verstand.

Du bist das Glück
:)

FLUCHT

Ich fliege gern egal wohin,

Nicht damit ich dann wo anders bin,

Sondern um die Welt mal von oben zu sehen,

Mal nicht fest auf der Erde zu stehen,

Mal loszulassen und Freiheit zu spüren,

Alles zu erleben ohne verschlossene Türen,

Dem Alltag mal den Rücken kehren,

Und meinen Akku freiwillig leeren,

Flieg ich einfach ein Land weiter ohne halt von

Donnerstag auf Freitag,

Dann setz ich mich einfach irgendwo hin,

Schau mir die Welt an, bis ich wieder bei Kräften

bin.

SOMMERNACHT

Ich mag gern die Sonne, sie leuchtet so schön,

Leider muss sie irgendwann einmal untergehen,

Das ist aber nicht schlimm, denn der Mond leuchtet

auch,

Und glitzerndes Wasser, durch das ich dann tauch',

Ein lauer Wind, der raschelt im Baum,

Das ist er, mein persönlicher Sommernachtstraum.

dieses Jahr bitte
keinen erträumten Sommer
sondern wieder so einen
Traum erleben

BLIND

Ich stelle mir schon lang die Fragen,

doch fragen möcht' ich nicht,

was wären wohl deine Lieblingsfarben,

was sähst du in meinem Gesicht,

ich würde dir die Welt gern zeigen,

so wie ich sie sehe,

doch wird es nur „ich wünsch' mir" bleiben,

weil ich im Dunkeln stehe,

Deine Augen haben ihr Licht verloren,

Farben sind nur noch Erinnerungen,

aber was du nicht siehst, das ist nicht verborgen

auch du gehörst zu Gewinnern und,

vertrau auf dein Gefühl und auf die die dich

umgeben,

sie sehen in deinen Augen immer noch

den Zugang zu deiner Seele.

MEINE HEIMAT

Du bist nicht immer schön

Du bist nicht immer reich

Du bist nicht immer sozial

Und du bist nicht immer sauber

Deine Menschen sind nicht immer freundlich

Deine Menschen sind nicht immer einer Meinung

Deine Menschen vermissen Kultur

Deine Menschen machen dich zu dem, was du bist

Und du bist ein Pulsschlag für die ganze Region

Du bist meine Heimat

34

FAMILIENZEIT

"Papa lass mit mir einen Drachen steigen.

Ich möchte dir den Flug meines Drachens gern

zeigen.

Verbring diese Zeit mit mir und sei stolz auf mich,

dann flieg ich mit dir, denn ich liebe dich "

DER LETZTE TAG

Und lebte ich den letzten Tag

und gäb's für mich keinen Morgen

so würde ich jedem Danke sagen

und mir Blumen besorgen

würde beerdigen alle Fehler die ich je gemacht hab

zusammen mit allen Sorgen

würde Feuerwerke zünden für alles was ich

geschafft hab

und Trauer bliebe verborgen

ich würde den Tag feiern und Abschied nehmen von

all meinen Lieben

Mit einem Lächeln zu gehen, ist das Ziel meines

Lebens

würde alle Gedichte lesen, die ich hab' jemals

geschrieben

die mir sagen, dass keins von ihnen war vergebens

keine meiner Zeilen und keine meiner Taten

blieben unberührt der Zeit

und wenn ich sterbe und würde begraben

dann hoffentlich nicht in Einsamkeit

MUSIK

Und wenn ich Musik höre, dann spüre ich das

Leben,

denn es kann für mich nichts Lebendigeres geben,

als Klänge und Bässe die einen innerlich bewegen,

und wenn ich mich verlier in ihr, dann kann ich mir

selbst begegnen.

GEGENSÄTZE ZIEHEN SICH AN

Fühl ich mich im Glashaus wohl wirfst du mit großen

Steinen

Möchte ich gerne lachen fängst du schluchzend an

zu weinen

Brauche ich Ruhe, dann hörst du laut Musik

Ich liebe den Frieden und du lebst den Krieg

Bin ich hungrig, dann willst du nichts essen

Will ich drüber reden, willst du nur vergessen

Mag ich gerne reisen, dann bleibst du zu Hause

Trink ich einen Wein, dann nimmst du eine Brause

Aber in einem, da sind wir uns einig, jeder tut was

er kann

Um uns weiter zu lieben, denn Gegensätze ziehen

sich an

VIERBEINER

Danke für deine Art die Welt zu entdecken,

Danke für meine Hose mit Dreck zu beflecken,

Danke für deine kalte Schnauze in meinem Gesicht,

Danke für durch Spaziergänge verlorenes Gewicht,

Danke, dass du mein Leben jeden einzelnen Tag

bereicherst,

Danke, dass du mein Portemonnaie durch

Futtergier so erleichterst,

Danke für die Haare in meinen Kleidern und in

meinem Essen,

Danke für dein Gehorsam - „upps" Kommando

vergessen,

Danke für deinen Geruch in Auto und Wohnung,

Danke für das tägliche Rangeln ohne jegliche

Schonung,

Aber vor allem danke ich dir für mich da zu sein,

egal wo und wann,

Danke, dass du mich aufmunterst, wenn ich mal

nicht mehr lachen kann,

Danke für deine Treue und dein sensibles Wesen,

Danke für das „Wunsch von meinen Augen

ablesen",

Danke für jeden wertvollen Moment, den wir

erleben,

Danke für das tägliche „Pfötchen geben",

Danke- und das ist ehrlich von Herzen gemeint,

ich liebe dich mein bester Freund.

Für Levi

ZEITGELD

Zeit ist wie Geld, sie schwindet im Nu,

vergiss also Geld denn das, was zählt, das bist Du.

halb ich ?
zwanzig nach Geld ?
oder viertel vor der ?

UHRENDREHER

Wenn ich an der Uhr könnt drehen,

Würde ich nicht das Richtige sehen,

Klar wäre es gut den ein oder anderen Fehler,

Zu verhindern und Wunden zu schließen mit Kleber,

Doch ist entscheidend, was mein Leben gebracht

hat,

Nicht ob ich alles richtig oder perfekt gemacht hab.

HERZDANK

Warum liebes Herz, kannst du so viel mehr als nur

pumpen,

Warum beschertest du mir im Leben so viele

Stunden,

In denen Gefühle mir lange die Sinne raubten,

In denen schöne Erinnerungen eine Weile

verstaubten,

In denen Glück und Freude mein Leben verließen,

In denen du mich dazu brachtest Tränen zu

vergießen,

Momente, in denen ich dachte, es kann nichts

Schöneres geben,

Als genau hier und jetzt auf diese Art und Weise zu

leben,

In denen ich mich erfreute an der Liebe und mich mit

Hoffnung ernährte,

In denen gefühlt nichts mir den Weg zum perfekten

Glück versperrte,

Eine Achterbahn hast du fest in mir verankert,

Schade, dass ich dir dafür im Leben noch niemals

gedankt hab,

So tu ich es jetzt mit diesen Zeilen,

Es tut gut nicht stumpf und kühl im Leben zu

verweilen,

Klar bereitest du Schmerzen aber eben auch

Freude,

Ich denke nicht, dass wenn du rufst, ich auch nur

eine Sekunde vergeude,

Es macht das Leben aus mit Schatten und mit

Licht,

Danke liebes Herz für ein Leben mit Gesicht.

Leben mit Gesicht

GESELLSCHAFT

Seltsam scheint so manches Leben

Und mag so keinen Sinn ergeben

Warum wird gekämpft, wenn es eigentlich um Liebe

geht

Warum wird in Friedenszeiten irgendwo gern Krieg

gesät

Warum werden Menschen von anderen vertrieben,

Und dann andere Gesetze und Traditionen in ein

Buch hineingeschrieben,

Hat die Erde sich verändert nur, weil andere dort

regieren,

Man kann keine Heimat gewinnen, aber man kann

sie verlieren,

Warum werden Ungerechtigkeiten nicht mit

Gerechtigkeit besiegt,

Weil Gerechtigkeit immer im Auge seines jeweiligen

Betrachters liegt,

Es gibt kein falsch und richtig,

Oder ein allgemeingültiges Wichtig,

Jeder Mensch für sich sieht sein Leben anders,

Nur orientiert sich jeder an dem für ihn geltenden

kulturellen Standard,

Leider kann so eines freien Geistes Leben keinen

echten Sinn ergeben,

Weil jeder der sich nicht befreit besinnungslos wird

weiterleben,

Das ist kein Aufruf zu einem anarchistischen

Leben,

In einer Gesellschaft muss es nun einmal, für Alle

geltende Regeln, geben,

Aber es ist ein Aufruf, frei in Gefühlen und

Gedanken zu sein,

Und sich nicht erdrücken zu lassen vom alltäglichen

Sein,

Eines jeden Menschen Leben

ist wertvoll wie kein Zweites,

Denn es wird kein Zweites geben,

Lebe DEIN Leben glücklich, genau das heißt es.

MEE(H)R

Ich atme tief und steh' am Meer,

So glücklich denn es fehlte sehr,

Ich genieße die Brise um mein Gesicht,

Nehme mir Stift und Papier und schreibe dieses

Gedicht,

Es sind diese Momente, die ich tief in mir so liebe,

In denen ich den grauen Alltag ganz weit von mir

schiebe,

In diesem Moment möchte ich bleiben, deshalb halte

ich ihn fest,

Mit Tinte auf Papier in feinen Buchstaben gesetzt,

Zudem mit der Seele für immer abfotografiert,

Im Kopf gespeichert und tief in mein Herz

einsortiert,

„Was tu ich nun?", frage ich mich und öffne meine

Augen,

Das Rauschen des Meeres ich kann es kaum

glauben,

Ist für mich Rettung und Leben in gleicher Weise,

Also beginne ich meine schwimmende Seelenreise,

Ich tauche ein in das Blaue was mich sanft umspült,

Mich und mein Gemüt vorsichtig herunterkühlt,

Erst erscheint es frisch, danach wird es schön,

Nur die sich spiegelnde Sonne auf dem Wasser

kann ich noch sehen,

Den Rest blende ich aus und tauche dann unter,

Fort ist das schwarze Leben und alles wird bunter,

Ich spüre, wie ich lebe und mit dem Wasser

verbunden,

Habe ich meinen Platz in der Welt geerdet

wiedergefunden,

Danke liebes Wasser du hast mir Kraft gegeben,

Ich wünschte, ich könnte immer wieder diesen

Moment in dir leben.

ich will mehr
vom Meer

KLAVIER

Alt und zerschunden steht da vor mir,

Ein altes dreckiges verstimmtes Klavier,

Ich öffne den Kasten und drücke die Tasten,

Doch passiert darin nichts also denke ich mir,

„Nicht zu gebrauchen" und werfe den Kasten zu,

schau es mitleidig an,

Doch da höre ich im Innern diesen sonderbaren

Klang,

Einen Klang, der in den Magen fährt und von dort

in mein Herz,

Das Vibrieren des Holzes zeigt gleichsam das Glück

wie den Schmerz,

sonderbar, denke ich mir und überlege nicht lang,

Ich möchte ihn vollends hören diesen einzigartigen

Klang,

Also setze ich mich an die Arbeit und ziehe

Schrauben um zu stimmen,

Schleife Und versiegle die Tasten um den richtigen

Griff zu gewinnen,

Und nach Wochen voll Ungewissheit, ob sich die

Arbeit gelohnt hat,

In denen ich mich mit dem Ziel vor Augen keine

Sekunde geschont hab,

Ich setze mich vor die Tasten, mein Herz schlägt

wie wild,

Bis meine Finger beginnen zu spielen und mein

Verlangen sich stillt,

Dieser tiefe satte Klang durch mein Ohr in den

Bauch,

Er berührt mein Herz und meine Seele berührt er

auch,

Die Musik bleibt auf ewig und mein Glück ist

gemacht,

Was hat mir ein wenig Ausdauer so für mein Leben

gebracht,

Ich lerne daraus,

Setze in Alles Energie, was ich liebe,

Erneuere, was ramponiert,

Nichts von mir weg dann schiebe,

Geworden ist's ein Meisterstück,

Mein Weg zur Harmonie,

Damit ich spüre echtes Glück,

Und es nicht bleibt als Fantasie.

WIR LEUCHTEN

Die Lichter der Stadt im Dunkeln zu sehen,

Die für den Pulsschlag der Menschen, die in ihr

leben, stehen,

Wirken wie einsame Sterne an grauem Beton und

an Glas,

Weshalb ich schon ganze Nächte lang auf meinem

Balkon saß

Um zu spüren, dass ich hier nicht alleine bin,

Und dass wir alle gemeinsam ein Licht für andere

sind

Licht für die Welt

WER?

Wer Mut hat Altes abzulegen,

Für den wird's bald schon Neues geben,

Wer den Frieden sucht, hat ihn in sich schon

gefunden,

Wer alte Wege verlässt, der ist in sich bereit

wirklich Neues zu erkunden,

Wer die Liebe schätzt, hat den Hass besiegt,

Wer den Lebenden gedenkt, während er im Sterben

liegt,

Der hat erreicht, wonach viele vergebens streben,

Ein erfülltes, ehrliches und vollkommenes Leben.

ANTRAG

Schluss mit Fragen,

Antwortzeit,

Kann's nicht ertragen,

sofort bereit,

keine Bedingungen,

keine Grenzen,

schöne Erinnerungen,

als Duo glänzen.

Alles Gute euch zwei

AM ENDE

Ein Leid ist wirklich schnell geschehen,

Doch braucht es lang sich umzudrehen,

In ein Verzeihen in eine positive Richtung,

in ein „Vertrauen befreien" vom finsteren Wald hin

zur Lichtung,

doch denk daran, es wird sich lohnen,

nicht für immer die Frustration und Enttäuschung

zu bewohnen,

denn am Ende, so viel ist sicher, wartet auf dich,

ein durch Leiden gestärktes, liebevolles Leben voll

Licht.

BIS ZUR UNENDLICHKEIT...

Ich laufe.

Dem Wind entgegen immer der Freiheit hinterher.

Ich laufe.

Bis ans Ende der Welt und noch ein paar Meter

mehr.

hoffentlich falle
ich nicht hinunter
sondern lerne im
richtigen Moment
das Fliegen

DIE SONNE

Jeden Morgen sehe ich in die Ferne,

beobachte das Schwinden der letzten Sterne,

die Dunkelheit verlässt die Welt und der Wind

frischt auf,

Die Sonne ist da und beginnt ihren Lauf,

sie schenkt uns einen Neubeginn, hell und

wunderschön,

das Erwachen der Erde, einzigartig anzusehen

die Vögel beginnen zu singen, der erste Lärm von

den Straßen,

und ich kann voller Vorfreude, die Nacht hinter mir

lassen.

GEDANKEN

"Mit einem Mal wurde mir klar was dort lag.

Es sah glitschig aus und leicht rötlich, etwa eine

Faust groß.

Es pulsierte vor sich hin.

"So sieht also mein Herz aus- schön dich

kennenzulernen. Aber sag wie kommst du hier her?

Ich habe dich doch verschenkt?!"

Mit einem Mal hörte das pulsieren auf und das

Herz zersprang in tausend Stücke.

Ich wache unter Tränen auf und hoffe alles war nur

ein Traum."

WER BIN ICH?

Hallo liebes Spiegelbild was siehst du in mir

und wer sieht mich so wie ich bin, mal abgesehen

von dir.

Wenn ich wüsste wer
mich sieht ... würde ich hier malen
den ... in dem Fall
Glück gehabt ☺

FOTOGRAFIE

Ich nehme die Kamera in meine Hand,

Was halt ich fest von diesem Land,

was halte ich fest von diesem Ort,

ich seh' mich um mal hier mal dort,

doch das, was mich festhält und als Einziges

schafft,

mich an sich zu binden mit aller Kraft,

das fotografier ich nicht technisch, sondern mit

meiner Seele,

weil ich nur diese Momente wirklich durchlebe,

natürlich können Fotos Erinnerungen erhalten,

doch können sie kaum mehr die Gefühle des

Aufnahmezeitpunkts entfalten.

* Klick *

65

TINTE

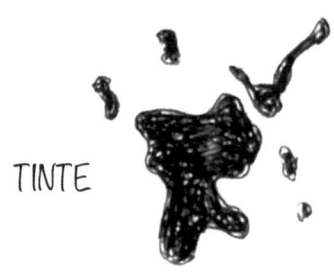

Tinte auf Papier ist mehr als verlorene Farbe,

In manchen Momenten ist sie das Einzige, was ich

habe,

sie rettet meinen Kopf und sie rettet mein Herz,

sie lebt für mich Freude und sie lebt für mich

Schmerz,

ich schreibe auf, was ich so erlebe,

es hält mich fest, wenn ich durch das Nirgendwo

schwebe,

es lässt mich fliegen, wenn ich beginne wankend zu

laufen,

es fängt mich auf, wenn ich falle vom Regen in die

Traufe.

TANZ

Ich höre die Töne die Lauten wie die Leisen,

Sie nehmen mich mit auf eine ihrer Reisen,

Sie fließen in mein Ohr und es dreht sich in meinem

Kopf,

Langsam bewegen sich meine Finger und beginnen

zu klopfen,

Mein Arm zuckt hoch zur Schulter und sie spürt

das Kribbeln vom Bass dieser Nacht,

Genau, wie es dieser auch mit meinem anderen Arm

den Beinen und dem Bauch macht,

In mir ist dieser Drang mich zur Musik zu bewegen,

Der Wunsch alle Gedanken aus dem Alltag

abzulegen.

So stehe ich langsam auf und spüre den Rhythmus,

Ich reiße die Mauern ein von jeglichem Sichtschutz,

Es ist mir egal wer mich sieht,

ich achte nur noch auf den Beat,

Fange an mich zu drehen,

Komm dann ruckartig zum Stehen,

Mein ganzer Körper geht mit der Musik, es ist fast

wie fliegen,

Fast automatisch sich Arme und Beine mit dem

Körper verbiegen,

Ich atme tief ein und genieß die Freiheit des Lebens,

In diesem Moment kann es für mich wahrlich nichts

Schöneres geben,

Als mich dem äußeren Einfluss hinzugeben,

Zu speichern und es dann auf eigene Art wieder

auszuleben.

Ich tanze und ich tanze als gäbs keinen Morgen,

Ich tanze und tanze und vergess' alle Sorgen,

Ich tanze, weil es in der Lage ist, Dinge zu ändern,

Ich tanze, denn die Sprache versteht man in allen
Ländern,

Keine Grenzen, verschiedene Stile aus
verschiedenen Teilen der Welt,

Und schon wird vergessen Religion Politik oder
Probleme mit Geld,

Es geht nur um das Eine, wie ich mich bewege,

Und als Gruppe bringen wir die Erde zur Musik zum
Beben,

Wir stehen auf und sprechen körperlich aus, was
uns beschäftigt,

Musik ist Leidenschaft und der Tanz fühlt sich
bemächtigt,

Auszudrücken was die Musik zu sagen versucht,

In Bildern und das zum Anfassen und nicht in einem

Buch.

Ich tanze und tanze als gäbs' keinen Morgen,

Ich tanze und ich tanze und vergess' alle Sorgen,

Dann wird es still, die Musik hat aufgehört zu

spielen,

Und ich merke, wie ich angeschaut werde von den

vielen,

Menschen die mir zugesehen haben, was ich hier so

treibe,

Und während ich meine Seele mit meinem Körper

zeigte,

Sie Lächeln mich an und das Lied beginnt von

Neuem,

Und plötzlich ganz viele auf die Tanzfläche steuern,

Sie haben verstanden, was mich in diesem Moment

bewegt hat,

Denn jeder versteht es, der es bereits einmal erlebt

hat.

Und so tanzen und tanzen wir als gäbs keinen

Morgen,

Und so tanzen und tanzen wir und vergessen die

Sorgen,

Wir leben die Freiheit und sprengen die Grenzen,

Zwischen verschiedenen Kulturen, Religionen und

ihren Tänzen.

Wir sind alle Eins, das zeigen uns diese Rhythmen,

Und dass wir alle ein Thema haben, bei dem wir

gleich stark verrückt sind,

Danke lieber Tanz, du zeigst mir wer ich bin,

Und du zeigst mir genauso, wer die anderen sind.

Du zeigst, es gibt auf dieser Welt noch Momente, in

denen es egal ist, wer du bist,

In denen es nur zählt, dass der Moment für mich

das Wichtigste ist.

WOLKENREISE

Sehe ich Wolken am Himmel, wünsche ich mich dort

hin,

Damit ich dann dank eines Windes in der Lage bin

Zu reisen, ganz leise, einmal um die Welt,

Ohne Gleise oder Straßen ohne ein Portemonnaie

voller Geld.

KLEIDER MACHEN KEINE LEUTE

Ich trage keine Markenjeans

Und bin nicht wirklich schön

Aber wer mir in die Augen sieht

Kann trotzdem Ausdruck sehen

Ich bin vielleicht kein Zauberer

Mit einem spitzen Hut

Doch verzaubere ich gern Menschen

und fühle mich dadurch gut

Ich trage gerne Kleidung, sie schützt und hält mich

warm

Sobald ich das vergesse, schlage ich in mir Alarm

Es geht nicht darum, was man an sich trägt,

sondern nur darum wer man ist,

wer was anderes behauptet, geht jetzt zu dem, der

da sitzt

Auf der Straße für eine Zeit weil

Er lebt diesen Lifestyle

Nicht weil er will, sondern weil er es muss

Und fühlt sich niemals am Tag frei,

Alle sehen ihn an und verstehen nicht die

Geschichte hinter seinem Gesicht,

Alle sehen nur von oben nach unten dreckige Jacke

und die Schuhe undicht,

Doch stünde dieser Mann nackt neben einem

Anderen,

Dann würden Blicke von einem zum Andern und

dann zurückwandern,

Und man merkt, es ist auf einmal gar kein

Unterschied mehr zu sehen,

Beide könnten in diesem Moment für dasselbe dort

stehen,

Dieselbe Art Mensch und das gleiche Leben,

Nur dass dem einen im Leben ein schickes Hemd

wurd' gegeben.

IRRGARTEN

Geht im Leben eine Türe zu,

gehen anderswo auch welche auf,

doch hätte ich gern genau wie du,

einen Lageplan, mit dem ich lauf,

denn offene Türen, die ich nicht sehe,

können mich bringen zum größten Glück,

sind für mich dennoch unmöglich zu durchgehen,

weil der Irrgarten mich ohne Türen bedrückt.

und wo ist jetzt
die Tür?

AUS MAUS WIRD GRIZZLY

Der Weg zu sich selbst ist meist der längste im

Leben

Doch kennt man das Ziel, lohnt es sich nie

aufzugeben

Am Ende wartet Glück auf dich

Das Spiegelbild von deinem Gesicht

Denkst du zuerst „das bin ich nicht"

Findest du's nicht findet's dich

Und so läufst du nichts hinterher

Für dich ist gar nichts mehr schwer

Warst du vorher 'ne Maus, dann bist du jetzt

Grizzlybär.

ICH STEH IM REGEN

Ich stehe im hier Regen

Spüre die Tropfen auf der Haut

Möchte mich kein Stück bewegen

Hätte niemals geglaubt

Wie mich ein Moment des Genießens

So sehr kann berühren

Kann meine Tränen vergießen,

Ohne sie, als solche zu spüren

Alles um mich herum wird eins

Alles verschwimmt im Regen

Ich bin glücklich, weil ich weiß

In jedem Tropfen drin steckt Leben.

Platsch Platsch lebendig nass

DU & ICH

Wenn ich deine Augen sehe,

kann ich sehen, was du fühlst,

wenn ich, dich umarmend, bei dir stehe,

ist es dein Herz, das ich spür.

Uns könnten Welten trennen

und du wärst trotzdem hier,

weil in uns die gleichen Flammen brennen,

denn du gehörst zu mir.

KALTE FÜSSE

Jeden Abend lieg ich entspannt in meinem Bett,
du legst dich dazu, soweit eigentlich ganz nett,
bis zu dem Zeitpunkt, den ich mehr als alles andere
hasse,
wegen dem ich dich nie unter meine Bettdecke
lasse,
es bohrt sich ein Schmerz durch meine Haut,
ein Eiskristall, der langsam aber sicher in meinem
Schritt taut,
du hast beschlossen, deine Füße zwischen meine
Beine zu schieben,
Und du sagst mir, dass das meine Aufgabe ist,
denn ich würde dich lieben,
Vergiss es, damit ist jetzt endgültig Schluss,
weil ich jedes Mal so viel Energie und Kraft nehmen
muss,
um nicht selbst zu einem einzigen Eisklotz zu
erfrieren,
Und das alles nur wegen deiner Fenster, mit
gekippten Scharnieren.

OLYMPIAGEDANKEN

Sport verbindet Menschen
Kulturen und Gedanken,
Es gibt Freundschaft ohne Grenzen
Und Brücken ohne Schranken,
Leidenschaft Emotion und Erfolg
Hängen unzertrennlich zusammen,
Bronze Silber und auch Gold
aber auch die, die gar nichts gewannen,
Sie geben friedlich alles für den Sieg
und verausgaben sich,
Und das ist bei allem Krieg
Ein Statement mit eindrucksvollem Gewicht.

DER DUDEN

Lass uns mal den Duden fragen,
denn wir wollen es nicht wagen,
das geschriebene Gesetz der Sprache zu brechen,
wir müssen schließlich alle dieselbe Sprache
sprechen,
Dialekte, die Kultur und das subjektive Empfinden,
gibt es nicht im deutschen wir müssen uns binden,
an den Einheitsbrei, der im Duden geschrieben
steht,
wen wundert es, einer muss ja sagen, wie es in
Wahrheit richtig geht,
sonst verdummen wir noch alle und brächen unsere
eigenen Gesetze,
nutzen untereinander uns völlig sinnlose und
unbekannte Sätze,

und wenn es einmal ein Wort im Duden nicht gibt,
dann nicht, weil der Verlag es nicht dort
hineinschrieb,
nein, weil es das Wort gar nicht gibt, also schweig
lieber Ketzer,
du elendiger Sprachenmörder, du
propagandistischer Hetzer,
lass unsere Sprache genau so, wie sie ist,
weil du sonst einfach nur noch undeutschlich
sprichst.
...verdammt, da ist es passiert.

EGOZENTRIK

Gibt es Nichts, ohne Das ich nicht sein kann, kann
ich sein, wie ich will

Gibt es etwas, ohne Das ich nicht sein kann dann,
weil allein ich es so will,

Gibt es Regeln, an die ich mich halte, dann sehe ich
in ihnen einen Sinn,

Gibt es Regeln, gegen die ich verstoße dann, weil
ich revolutionär denkend bin,

Gibt es die Liebe, dann nur weil ich in an sie glaube,

gibt es die Liebe nicht, dann weil ich sie nicht
brauche,

gibt es etwas, was mich interessiert dann nehme
ich es wahr,

gibt es etwas, was mich nicht interessiert dann ist
es einfach nicht da,

gibt es Egozentrik, so lebe ich sie jeden Tag aufs
Neue,

es gibt Egozentrik nicht in mir, denn es gibt Dinge
die ich bereue.

KINDERFRAGEN

Ich beschäftige mich gerne mit Kinderfragen,
oder mit sonstigen Sachen die Kinder so zu
Anderen sagen,
ich erhalte mir so viel, denn es ist wunderschön,
diese liebevolle Naivität in Bezug auf das Leben zu
sehen
„Warum hat der Käse Löcher?", „tut ihm das denn
nicht weh?",
„Gibt es einen Grund, warum ich während des
Schlafens nichts seh?",
„Warum muss ich in der Schule sinnlose Dinge gut
lernen?",
„Warum freuen sich Leute an manchen Abenden
über klirrende Scherben?",
„Was bedeutet es, wenn Sternschnuppen am
Himmel fliegen,
musste der Mann im Mond dann einfach mal
niesen?",
„Warum ist die Banane krumm
und warum ist sie gelb?",

„Warum ist eine Schale drum?",

Und „wofür braucht man Geld?",

„Kann sich die Welt auch andersherum drehen?",

„Und wenn sie rund ist warum steh ich dann
gerade?",

„Möchte wissen wie aus Körnern Pflanzen
entstehen",

„Und warum steht so ein komisches Ding am Ende
der Frage?",

Nicht wissen ist so schön,

Immer lernt man neue Sachen,

Am Anfang einer Reise stehen,

Und jeden Tag mindestens einmal über

Unerklärliches lachen.

MEIN STIFT IST UNKREATIV

Lieber Stift, der da dort liegt,
wärst du wohl einmal so lieb,
würdest dich für mich ganz kurz erheben,
dich selbstständig über das Blatt bewegen,
mich überraschen mit ein paar geschriebenen Zeilen,
eine kleine Zeichnung dazu oder eine Beschreibung
mit Pfeilen,
irgendwas Kreatives für mich zur Unterhaltung,
Von weiß zu bunt- also klassische Umgestaltung,
ohne mein Zutun einfach aus meinem Kopf aufs
Papier,
Meine Worte aus meinem Kopf, per Eilzustellung zu
dir,
dir allein dies hier so ausführlich zu schreiben,
lässt mich wieder gedanklich kreativ erscheinen,
verstehst du denn nicht selbst, was ich von dir
will?

okay ich versteh' schon bin einfach wieder still
wenn du wieder einmal ein paar kleine Worte
erstellst,
sag kurz Bescheid ich mach's dann doch lieber
selbst.

Stift

unkreativ

MEIN LEBEN IST (K)EIN SPIELFILM

Ich schaue mich an und frage mich dann,
bist du noch der Junge oder doch schon ein Mann
die Zeit raste so sehr in den vergangenen Jahren,
die mal schön und dann auch mal weniger gut waren
letztlich möchte ich sehen, welche Momente es sind,
in denen ich Mann bin und in denen eher Kind
möchte eine Kamera haben, die mich tagtäglich
begleitet,
die meinen Blickwinkel auf mich selbst einmal
deutlich erweitert
dann müsste ich nicht mehr täglich vor Spiegeln
stehen,
könnte mir endlich mal von außen beim Leben
zusehen

mitleiden, mitweinen, mit fallen und mit aufstehen
und wenn es mich belastet, einfach die Kamera
ausdrehen,
im Abspann des Films ist mein Name zu lesen,
bin Hauptdarsteller und Regisseur in einem
gewesen,
doch ob es Komödie, Krimi oder doch Drama war,
wird selbst im Abspann des Films immer noch nicht
klar.

ZUGVÖGEL

Willkommen zurück liebe Vorboten der Wärme,
Wie klug von euch es ist, sich bei dieser Kälte zu
entfernen,
Euer Schnattern hör ich gerne, ich seh euch
hinterher,
Sehe euren Formationsflug und freue mich immer
mehr,
Es bedeutet nach Hause kommen auf sehr
anschauliche Art,
Egal welches Ziel der Reise es war,
Ich grüße euch von hier unten und winke euch zu,
Gute Reise weiterhin und einen entspannten Flug.

OH WEH OH WECKER

Dein schallendes Klingeln reißt mich morgens aus
dem Schlaf,
Infolgedessen ich mich dennoch im Kissen vergrab,
Um die letzten Minuten meines Ruhens noch zu
genießen,
Bevor dann die Energien meinen ganzen Körper
durchfließen,
Ich muss mich bewegen und die Augen bemühen,
Ihrer Schwere aufgrund der Müdigkeit zu entfliehen,
Ich schleppe mich ins Bad und dreh die Dusche auf,
Und es beginnen warme Tropfen auf meinem
Körper zu laufen,
Ein genussvoller Moment, der den Morgen mir
rettet,
Zum Glück hab' ich mich nicht noch einmal
eingebettet,

Nach der Dusche mach ich dann Teewasser schon,
Um zu genießen den Sonnenmorgen auf meinem
kleinen Balkon,
In Ruhe in den anstrengenden dann Tag zu starten,
Die Bienen beginnen zu fliegen dort unten im
Garten,
Die Welt erwacht zum Leben und ich füge mich ein,
So sollte dann doch eigentlich jeder Morgen für
mich sein.

MORGENMANTRA

Rasier' ich mich
Ich weiß es nicht
Kannst zeigen dich
Und dein Gesicht
Nein denk ich mir
Schaum dann drauf schmier'
Und los rasier'
Wie ein Barbier
Jetzt bloß nicht schneiden
Und dennoch beeilen
Jetzt ist's schon besser
Also schnell weg das Messer
Ein bisschen von dem brennenden Zeug
Flüssig in mein Gesicht dann gestreut
Die kleinen Schnitte eben desinfizieren
Sich Deodorant in die Achseln noch schmieren
Schon kann's losgehen hallo liebe Welt
Morgen wird der Wecker dann früher gestellt

SCHREIBERLEHRE

Schreiben ist eine Ehre über die ich mich freue,
Faulheit in der Schule gab es, die ich bis heute
bereue,
Woanders auf der Welt würden Menschen gern
lernen
Müssen sich aber erst mal darum kümmern am
nächsten Tag nicht zu sterben,
Dieses Privileg der Bildung verpflichtet uns zur
Demut,
Also schreib ich und lese ich jeden Tag voller
Wehmut.

FRÜHLINGSERWACHEN

Die erste Sonne nach dem Winter,
Alles ist plötzlich gar nicht mehr finster,
Alles leuchtet in kräftigen Farben,
Die Vögel zeigen, welch schillernden Stimmen sie
haben,
Die Luft wird langsam wieder lau,
Der Himmel zeigt sein schönstes blau,
Fast jedes Jahr gibt es diesen Tag,
den ich im Kalender rot markiert hab',
um darauf zu warten und sich vorher darauf zu
freuen,
willkommen lieber Frühling, ich hab' genug von Frost
und von Schneien.

LIEBE MAMA, LIEBER PAPA

Ich kann mich nicht erinnern,

doch ihr tut's jeden Tag,

ihr lebt für eure Kinder,

egal was kommen mag,

das erste Mal „ich hab' dich lieb",

die ersten kleinen Schritte,

der erste Brief, den ich euch schrieb,

das erste Mal Angst vor Gewitter,

das erste Mal „das mag ich nicht",

der erste große Streit,

ihr kennt noch mein Geburtsgewicht,

und jede Kleinigkeit.

Für euch scheint es normal zu sein,

mir bedeutet es die Welt,

könnte ich mich zwischen verschiedenen Eltern

entscheiden,

ich hätte immer euch gewählt.

Ihr seid mein Ursprung, meine Wurzeln,

ich danke euch dafür,

auch wenn Leben viel zu kurz sind,

seid ihr für alle Zeit bei mir.

Danke an die besten Eltern
der Welt.